AF410978

VISITES

AU MUSÉE DE ROUEN.

REVUE

DE L'EXPOSITION DE 1847.

Par A. DELCOURT.

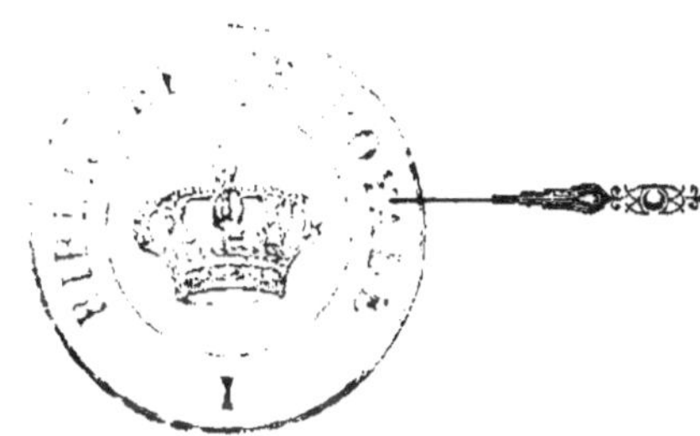

ROUEN,

CHEZ TOUS LES MARCHANDS DE NOUVEAUTÉS.

1847.

ÉVREUX. — C.-F. CANU, IMPRIMEUR DE LA PRÉFECTURE.

PROLOGUE.

Des conquêtes du siècle la plus perfide incontestablement est l'invention de la grande vitesse, ce mot nouveau dit toute l'histoire de notre temps.

Fortunes mal acquises, mauvais livres, architectures sans nom, peintures pitoyables, la grande vitesse répond à tout; ce mot, on ne saurait trop le répéter, est gros de toutes nos sottises.

On veut aller vite, entraîné par cette force centrifuge que l'on nomme orgueil, force dont nul être ne saurait calculer la puissance; on va la grande vitesse, et par contre-coup on se trouve lancé hors de sa sphère.

Le maçon devient architecte, l'avocat se fait homme d'état, le tailleur de pierres a la prétention d'être sculpteur, l'ouvrier littéraire le moins utile, mais le plus ambitieux des prolétaires, veut faire école.

Pour devenir riche, que ne fait-on pas? Demandez aux Cours d'assises, demandez à la Chambre des Pairs, le siècle s'est fait marchand, juif, brocanteur: voilà de la littérature à bon compte; voilà des beaux-arts au rabais; voilà de la politique à tout prix, et tout cela en masse, par encombrement.

Misérable fécondité ! La fécondité de ce monde m'épouvante, c'est une calamité ; elle réduit toutes les productions aux proportions les plus minces. Au milieu de cette multiplication des infiniment petits, montrez-moi la place que pourrait occuper une œuvre vraiment belle et grande, et dites qui pourrait la découvrir dans la confusion de ce bazar.

Tristes réflexions qui se présentent à l'esprit partout où nous nous trouvons ; qui compriment, avant même que l'appréciation n'ait révélé la stérilité de nos richesses, cet élan généreux de reconnaissance toujours prêt à s'échapper au sein de l'abondance : ces pénibles réflexions marchent avec nous ou nous devancent ; vous les trouverez partout, même à l'entrée du musée rouennais. Osez en franchir le seuil, 550 tableaux, dessins et gravures, vont se ranger sur votre passage, sollicitant un regard d'amour, un sourire de bonheur, un mot flatteur ; partant, vous entrez mal disposé, la mauvaise humeur vous domine, et si vous n'êtes qu'un simple amateur, un appréciateur instinctif, vous cédez à la prévention, la satiété vous rend injuste.

C'est ce qui m'arriva, je l'avoue, après une première visite au salon, et si j'avais pris la plume sous cette impression fâcheuse, il n'y avait à attendre du critique ni justice ni raison : il est heureux

qu'une circonstance favorable ait ramené à Rouen,
au moment où je me disposais à remettre mon ma-
nuscrit à l'imprimeur, l'artiste à jamais célèbre dont
j'ai écrit la biographie; toute ma mauvaise humeur
céda aux premières paroles qu'il prononça : nous
verrons ensemble ces tableaux, je vous accompagnerai
au salon, me dit-il.

Je l'ai trouvé fidèle au rendez-vous ; il sera
mon guide, le flambeau qui doit éclairer mon in-
expérience. Ses conseils précieux , ses appréciations
judicieuses préviendront les injustices, les erreurs
de la critique : à **M.** Brun donc, à l'auteur de la
grande page historique de l'arc-de-triomphe de l'Etoile,
au restaurateur de Saint-Denis et de la grande façade
du palais de justice de Rouen (1), l'honneur de
cette notice.

(1) **M.** Brun n'a pas été chargé des sculptures de l'aile du
nord du palais de justice de Rouen; c'est une distinction qu'il
importe de faire, afin que, dans le présent et dans l'avenir, chacun
porte la responsabilité de ses œuvres.

GRANDE GALERIE.

Est-ce M. Bellangé, dont nous aurons bientôt à apprécier le mérite artistique, est-ce M. Bellangé, l'habile conservateur du musée rouennais, qui a arrêté l'ordre et le classement des tableaux ? C'est là une simple question à laquelle nous ne demandons pas sérieusement une réponse. Qu'importe en effet le nom du classificateur, et ce que nous pourrions dire de cette combinaison qui nous contraint à commencer par où nous devrions finir. Qu'importe, commençons par la fin. Les premières peintures qui se présentent à nos regards sont donc les numéros du livret :

534, *Cheminée de l'abbaye de Saint - Amand (Rouen)*; 535, *le retour de la pêche ;* 536, *les soins de la ferme ;* 537, *la laitière ;* 538, *tête d'étude d'après ma fille*, peintures sur porcelaines de madame BOURLET DE LA VALLÉE, née ESPÉRANCE LANGLOIS (1).

Ici la critique n'a rien à faire, l'auteur porte

(1) Cet ordre est changé; quant aux cinq premiers numéros, ils ont été reportés au fond de la grande galerie à gauche.

bien le nom de LANGLOIS. En fût-il autrement,
le moyen d'être sévère lorsqu'il s'agit d'assiettes de
dessert :

>   .   .   .   Quand on a bien dîné,
> Tout semble par le ciel justement ordonné ;
> Des plus belles couleurs la nature se pare (1).

Des porcelaines de madame BOURLET DE LA
VALLÉE LANGLOIS nous passerons à une tête d'étude
de M. LEBRUN, tableau qui n'a pas de numéro au livret; c'est une de ces bacchantes civilisées que l'on
a vues quelque part, mais dont les traits ne restent
pas dans le souvenir, elle semble écouter le bour-
donnement d'un coquillage qu'elle tient près de son
oreille : le peintre a rendu avec assez de bonheur
l'expression de l'attention, mais rien n'indique la
surprise; la forme relevée des yeux et de la bouche
n'est pas heureuse, les yeux d'ailleurs ne sont pas
dans un ensemble parfait.

Nous hésitons quelque temps entre les n°s 321, *un
capucin revenant de quêter, qui distribue des images,*
par M. JACQUEME, *de Paris;* 255, *le triste berger,* de
M. FOREST, *de Paris;* et 223, *une dame à cheval
suivie d'un domestique,* par NOEL FINART; noble
dame et fidèle varlet qui ont oublié de prendre des
leçons d'équitation des Baucher ou des Victor Fran-

(1) *L'OEnomanie,* poème de l'auteur.

coni du siècle de Louis XV. Moins tourmentés que Tantale, nous restons froids devant les productions gastronomiques de madame DE LA FREMONDIÈRE. *N° 248, une exposition de légumes sur une table,* légumes que la docte Société d'horticulture du département de la Seine-Inférieure n'admettrait vraisemblablement pas au concours annuel. *N° 249, gibier et poisson,* du même auteur, qui ressemblent à tout ce que vous voudrez.

Les paysages de LÉON D'ASSONVILLEZ : *n° 14, une vue du bassin de Boulogne, effet de lune ; un souvenir des bords de la Tamise, n° 16 ; n° 15, une vue prise du pont de décharge à Boulogne-sur-Mer, autre effet de lune,* méritent une mention d'estime ; il y aurait peut-être quelque chose à dire des tons de lumière dont la reproduction est d'une exactitude contestable, mais les détails sont rapportés avec beaucoup de soin ; une perspective un peu vague présente les objets sous cet aspect incertain qui caractérise l'effet de lune.

L'effet de crépuscule de M. BERTHELEMY, *de Paris, dans son tableau de la détresse, n° 38,* est plus que douteux, nous passons rapidement, et après avoir jeté un coup d'œil bienveillant sur le *n° 125, une vue prise dans les Vosges,* par madame DE COLLEVILLE, *de Versailles.* Enfin nous nous trouvons face à face avec le Charlet de la

Normandie , le Henri Monnier de la grande
cité neustrienne. Nous nous arrêtons soudain comme
si quelqu'un eût appelé. Nous nous souvenons d'avoir
vu souvent de loin et de près, dans les rues, à la
promenade, l'homme qui porte ce masque joyeux, cette
figure expressive, au sourire un peu moqueur : oui,
voilà bien le laisser-aller du viveur , l'aplomb de
l'artiste. Le refrain d'une chanson normande nous
est revenu à la mémoire :

J'ai perdu min coutiau!

Nous avons reconnu M. E. BERAT.

C'est mieux qu'un portrait, c'est un tableau plein
de vie et de vérité; pose, expression, ton de couleurs,
tout est vrai et parfait d'harmonie. Mais comme il
faut une part à la critique, nous dirons que la main
gauche est un peu grêle, qu'elle ne paraît pas dessi-
née avec le même soin que la main droite : nous
demanderons la permission à M. MELOTTE de re-
lever les plis un peu mous de l'habit et du
pantalon ; puis, comme Figaro, nous baiserons le pan
du manteau du peintre , en le proclamant un véritable artiste.

Du portrait de M. E. BERAT au n° 353 « por-
» trait de la jeune personne qui a eu le numéro ga-
» gnant, dit le livret, à la loterie organisée par l'au-
» teur au profit de la société maternelle de Rouen ,

» *lors de son exposition du mois de mars dernier* »,
il n'y a en apparence que la distance d'un cadre ,
mais en réalité tout un monde les sépare.

Absence de dessin, des teintes plates , du blanc
et du vermillon ; quoi ! vous appelez cela un
numéro gagnant ? C'était donc la loterie qui gagne
perd que votre loterie ? Mon bon monsieur LEGAL,
à qui prétendez-vous faire croire que ce soit là le
portrait de la belle personne que le public d'élite
admirait cet hiver aux soirées brillantes dont elle a
fait l'ornement ? Mais tout le monde vous dira :
ce n'est ni l'expression de sa physionomie, ni les
graces de son maintien. Que si vous vous adressez
aux artistes vos amis , aux hommes de goût de tous
les pays, prenez garde, ils vous condamneront à
mieux étudier vos modèles. Marquez les traits, monsieur LEGAL , plus de rondeur ; songez bien que
c'est une demoiselle du grand monde, ne lui prêtez
pas cet air embarrassé d'une jeune pensionnaire.

L'œuvre de M. LEGAL franchissant les distances,
comme si elle eût obéi aux lois de la rhétorique, est
venue se placer d'elle-même près du portrait de
M. BERAT pour lui servir d'ombre , et nous avons
négligé à dessein le n° 514, *la jeune Napolitaine*,
de M. VERDIER, *de Paris*, qui pourrait être tout
aussi bien une jeune Savoyarde; le n° 502, *un domino*,
étude d'une tête de femme. M. VALENTIN, *d'Yvetot*,

a mal choisi son modèle. Ce peintre est jeune, dit-on, il fréquente les bals en renom de la capitale, espérons qu'une autre fois il fera un meilleur choix.

Le n° 335, *une vue du Hoc (au Hâvre)*, par M. LA-MOISSE, *de Paris;* le *n° 301, l'Albertine, brick-goëlette à la côte aux environs du fort Saint-Leu,* par M. HEROULT, *de Paris; les bords de la Seine aux environs de Paris,* par M. DALLEMAGNE, *de Paris, n° 130;* le *n° 410, repentir de la Made-leine et jeunesse de la Vierge,* par M. MORIN, *de Rouen,* cadre mystique, composition honnête, candide et innocente, qui sera convenablement placée dans quelque cellule. Enfin, *n° 113, portrait* de M. le comte de***, par Mlle CHIRAT, *de Paris,* faisant nombre, unité d'un poids et d'une valeur modeste.

En général il faut attacher peu d'importance à ces sortes de compositions; un portrait, dans les conditions ordinaires, est une œuvre qui ne peut guère intéresser que celui qui la commande et qui la paie. Ce serait justice que de se montrer sévère sur leur admission.

Ce compte réglé, nous nous découvrons en repassant devant la jeune et noble demoiselle dont M. LEGAL a vainement tenté de rendre les traits, et nous continuons notre course au clocher; nous n'irons pas bien loin, cependant déjà nous avons distingué deux grandes et belles toiles : nous ne résiste-rons pas au charme qui nous attire vers elles ; allons, non au plus pressé, mais au plus important. Une croi-sée fait face aux tableaux, ils sont bien éclairés; un banc est au-dessous, nous en profiterons pour examiner ces œuvres remarquables dans tous leurs détails ; elles re-présentent : n° 326, *l'intérieur de la cour du palais ducal, à Venise; n°* 327, *la douane de mer, à l'en-trée du grand canal de Venise.* Ces deux tableaux sont de M. JOYANT, *de Paris*, ils réunissent au plus haut point toutes les conditions du genre; j'étais devant ces belles toiles dans une sorte d'extase contemplative, lorsque je vis M. Brun venir à moi.

Je reconnais la ville dont le séjour me plaisait tant, me dit-il, c'est le beau ciel de l'Adriatique, c'est le ton de monuments de cette cité nautique. L'auteur a placé dans la cour de ce palais de marbre des person-nages qui doivent rappeler le beau temps de la noble république ; c'est bien Venise enfin sous ses doges, avec ces nobles sénateurs et ces grandes dames. Voyez dans ce second tableau cette belle fuite, comme ces maisons se rangent bien; la mer est un peu bleue, mais c'est le ton naturel, c'est bien ainsi qu'elle s'empreint du ton d'azur du ciel magnifique d'Italie.

S'il est toujours pénible de revenir sur ses pas, c'est surtout lorsque l'on a à craindre de s'égarer dans *l'intérieur de la forêt,* de M. SUTTER, *de Paris,* vert sur vert, n° 476, ou *dans les environs de Vannes* (Morbihan), n° 494, reproduits par M. *Charles* DE TOURNEMINE, *de Paris.* Nous ne nous arrêterons pas à coup sûr dans les allées du *jardin de l'hôpital,* n° 231 ; sous les ombrages des arbres mal venant, le jour est triste, indécis, sans lumière, une teinte grise règne comme un crêpe sur ce triste tableau. *Une vue des bords du Rhin, prise à Oberwesel,* n° 229, par M. FLEURY, *de Paris,* est une délicieuse compensation, beau ciel, ce qui est rare au salon. Le joli paysage ! Ceci repose agréablement les yeux et nous sert de transition pour arriver au genre adopté par M. DUVEAU, *de Paris,* dont les tableaux méritent une mention particulière. 201, *une position embarrassante, suite d'un bal ;* 202, *une loge à l'opéra ;* 203, *l'atelier de François Flamand.* M. DUVEAU est un habile coloriste, on s'aperçoit facilement que le peintre s'est inspiré de Boucher et de Wanloo, il a pris le ton de couleurs des tableaux de ces deux maîtres, de mérite si différent, et il a fait de jolies choses, quoique les modèles lui aient manqué pour rendre ces natures jouflues, potelées, ces masses lourdes que fournit l'école flamande. Ces observations ne changent rien à l'opinion que nous venons d'émettre, nous aimons à reconnaître les prémices d'un véritable talent. Hélas ! que ne puissions nous en dire autant de *Sainte Marie l'Egyptienne, que*

*les deux anachorètes qui la visitent trouvent morte
dans sa grotte !* nº 146; il faut avouer que la sainte a
pris une singulière attitude pour rendre son âme à Dieu;
à moins d'un miracle, il paraît impossible que ce cadavre se soit arrêté sur la pierre de taille inclinée dont
M. DECAEN, *de Paris*, a fait choix pour exposer la
sainte aux regards des anachorètes; ces deux personnages sont médiocrement surpris, ils semblent se de-
mander si la sainte est bien morte, et si c'est bien là la
couleur du cadavre.

Nous mentionnons, non pas seulement pour un
simple renvoi au livret, mais pour être justes, le *nº* 39,
le retour de la promenade en mer (côtes de Bretagne),
par M. BERTHELEMY, déjà nommé ; le premier est
un peu négligé, mais la lumière est bien distribuée, il
y a de la vie dans ce tableau-là; la *nature morte,*
nº 47, qui représente entre autres des choses qui ne
sont pas des nouveautés, dont la nature et l'espèce
m'échappent, est un tableau de mademoiselle *Rosa*
BONHEUR, *de Paris*. Sous le nº 47 , *le même*
auteur a représenté les bœufs sur la montagne de
Salers ; on se demande comment on peut aimer
à peindre des objets de cette nature , quand on
porte un aussi joli nom ; *les* nˢ 122, *une femme*
mauresque dans son intérieur ; 120, *une jeune femme*
d'orient, par madame COLIN, *de Paris ;* nº 405,
une baigneuse, de M. FRITZ MILLET, *de Paris* ,

seront jugés peu sévèrement en faisant un simple renvoi au livret.

De distractions en distractions, jetant un coup d'œil par-ci, un regard par-là, nous allons du *combat de Djemma-Ghazaouat,* par M. SORIEUL, *de Paris, n°* 469, que le livret décrit, dont nous avons beaucoup de bien à dire, à *l'ermite de Corps - Manhudt, sujet tiré d'Ivanhoé, n°* 413, par M. NARCISSE, *de Paris; un naufrage, n°* 407, par M. MOREL FATIO, fixe un moment notre attention, les rochers et le mouvement de la mer sont bien rendus.

Nous avions déjà remarqué le *n°* 396, *une salle du musée de Dijon,* par M. MATHIEU, *de Paris,* composition bien réglée, dont le mérite est dans l'exactitude de la reproduction de cet intérieur, mais qui peut-être, en raison même de cette exactitude, ne produit pas un effet très-gracieux. Il se trouve là des anges, archanges ou séraphins dont les ailes d'or occupent trop d'espace.

On voit sans arrêter, *n°* 128, *une fête bretonne,* par M. COUVELEY, *du Hâvre.* Ces Bretons ressemblent trop à des Flamands. *Un intérieur breton. n°* 351, *et l'intérieur, n°* 352, par M. LÉGENTILE, *de Paris.*

La teinte des bois n'est pas heureuse, le vieux chêne n'est pas suffisamment noirci par le feu; les parties éclairées ne le sont pas assez pour que l'on puisse distinguer l'agencement de cette charpente qui doit être le premier objet de l'attention.

Comme tableau de modes, *la Theresina, costume de Sorrente, n° 213*, par M. FAVAS, *de Paris*, peut avoir quelque mérite ; quant au personnage, il pose sans grace.

Notons pour mémoire *une vue prise de Saint-Didier, vallée d'Aoste*, par M. GUIAUD, *de Paris*, n° 290; 164, *Pierrot paresseux, voleur, gourmand et fourbe*, par M. DELAUNAY, *de Paris ;* 116, *une vue de l'église de Crécy en Brie*, par mademoiselle CHOLET, *de Paris ;* 161, *cour de paysan*, par M. DELATRE; 94, *un pâturage de la vallée d'Auge*, par M. CARTIER, *de Paris ;* 97, *une vue du château d'Allincourt à Lillebonne*, par M. CASSAGNE, *de Rouen.* Nous aurons bientôt l'occasion de faire connaître notre opinion sur les œuvres de ce peintre. 88. *la fuite en Egypte*, de M. CABASSON, *de Paris*, sort de la nomenclature ordinaire.

293, *le baiser, nature morte*, par M. HAMON, *de Paris.* Ceci rappelle un peu les tableaux plastiques de madame Keller; cette sorte de nature morte a pour nous peu d'attraits, c'est une copie de copie. Le peintre a placé sur un bureau un groupe représentant deux amoureux en marbre; on tâtonne long-temps avant de trouver le rayon de lumière qui doit éclairer

ces personnages : nous reviendrons sans doute à
M. Hamon, alors nous rechercherons dans quelle in-
tention le livret donne son adresse à Paris et à
Rouen.

Nous avons beaucoup de bien à dire : *d'un paysage,
effet du matin*, par M. Brune, *de Paris*, n° 79 ;
et peu de chose *d'une vue de Poissy*, par M. Cazabon,
de Paris, n° 106. *Le n° 288 est une jeune fille
tenant une corbeille de fruits*, par M. Guet, *de Paris*.
Tout près voici *des fruits* de ces mêmes fleurs,
n° 112, par M. Chirat, *de Paris*. Ces expositions ne
sont pas assez importantes pour obtenir plus qu'une
mention dans la nomenclature générale. Nous plaçons
dans le même ordre *une vue prise sur la Seine, à l'île
Saint-Denis, près de Paris*, n° 309, par M. Hostein,
dont nous retrouvons un peu plus loin *l'intérieur d'une
forêt*, n° 308; 310 , *une vue prise sur la route de
Rouen à la Bouille*, par M. Hubert, *de Paris*, a
quelque mérite ; mais dans ce tableau, comme dans
la plupart des paysages, les détails sont négligés.

Que dire, sans blesser l'auteur, *du seigneur et la
paysanne*, n° 314, et de *la grande dame et le jardi-
nier*, n° 315, composition de M. Hugot, *de Paris ?*

Le livret indique six tableaux de M. Borely, *de
Rouen*, c'est beaucoup et peu ; quatre de ces peintures
sont purement et simplement des portraits : celui-ci,
n° 53, *d'une dame*. . . . . . .ceux-là, n°s 54 et 55,

de *MM.* . . . . . le *n°* 56 représente des *enfants* peints au pastel. Le tableau devant lequel nous nous trouvons en ce moment *est une halte après l'enlève-ment*, *n°* 52 ; nous passons préoccupés d'une autre rencontre, que nous eussions voulu éviter : *Angélique et Médor, n°* 57. Le livret cause beaucoup sur les amoureux de l'Arioste ; nous serons plus sobres que le petit livre : ne troublons pas les entretiens de ces pauvres et tristes amants, pauvres de formes et tristes de figure. Monsieur BORELY, vous êtes jeune, hâtez-vous de réparer ces erreurs ; nous ne voulons pas être sévères, grace au souvenir que nous avons conservé d'un charmant portrait exposé au salon parisien, qui prouve que vous pouvez faire bien et très-bien.

Nous ne connaissons des artistes que leurs œuvres ; nous jugeons le tableau, puis nous cherchons au livret le nom de celui qui l'a produit. C'est ainsi que nous avons procédé envers M. BERTHELEMY. L'*effet de crépuscule, n°* 38, nous a trouvés peu bienveillants ; *le retour de la promenade en mer, n°* 39, nous a ramenés à de meilleurs sentiments. Le *n°* 34 , *troisième combat livré par la flotte française, sous le commandement de Duquesne, aux flottes combinées de Hollande et d'Espagne , commandées par Ruyter, sur les côtes de Sicile,* 19 *avril* 1676, nous a maintenus dans ces heureuses dispositions, quoique la mer soit lourde ; en effet l'action manque totalement de mouvement. Le *n° 37, naufrage de Virginie,* pêche par l'ensemble et les détails ; le tableau est placé sous des effets de lumière faux, les trois personnages offrent peu d'intérêt, ils ne ressortent pas assez sur cette vaste plage. La tête de Virginie renversée, et qui se présente d'abord, échappe à l'examen. Le récit de Bernardin-de-Saint-Pierre rend mieux la situation des personnages, la scène est plus saisissante, il faut bien le reconnaître, dans le roman que sur la toile.

L'œuvre capitale de M. BERTHELEMY est *la vue de l'entrée du port de Fécamp, prise de la rade, n° 36.* Si l'ensemble est agréable et satisfaisant, les détails cependant laissent beaucoup à désirer; les vaisseaux, les falaises, la jetée, présentent des divisions brusques, tout cela est trop haché. La mer est lourde, monotone et sans transparence. L'auteur, qui est un homme de goût et de travail, reconnaîtra sans doute la nécessité de revoir cette peinture. Le *n° 35, sujet tiré du pirate de Walter Scott,* que nous apercevons plus loin, est encore un tableau de M. BERTHELEMY.

Le *n° 467* est l'œuvre d'un homme d'un talent distingué ; il représente *une vue prise sur les bords du Taravo, Corse.* Ce paysage de M. SEGÉ, *de Paris,* est remarquable, l'air y circule bien , la scène est animée , les personnages réunis sous un arbre vert sont d'un excellent effet.

Nous n'avons rien à dire du *portrait* n° **78** , *M. B"""* , par **M. Brocas**, *de Paris ;* mais nous ne saurions avoir assez d'éloges pour *la jeunesse de Valentin Jamaray-Duval*, n° **77** , par le même auteur. C'est bien là l'enfant studieux qui cherche, qui médite les leçons du passé, qui interroge l'avenir. Voilà un tableau d'histoire, une belle et savante étude de la nature. Les défauts sont rares, nous remarquons cependant que le bras droit au premier plan n'est pas d'un dessin aussi correct que l'ensemble, les os et les articulations du coude sont exagérés, le bras près du biceps est languissant, rond et un peu trop grêle pour un adolescent; les jambes, les pieds , le torse et les accessoires sont bien posés, la tête est charmante d'expression. L'exiguité de la toile a circonscrit le paysage , mais les lignes en sont cadencées avec discernement; le troupeau dans l'éloignement justifie parfaitement la position du berger ; le chien cependant est d'une dimension trop forte. L'ensemble est disposé avec une connaissance parfaite des effets de lumière ; c'est enfin une œuvre qui donne à **M. Brocas** une belle place parmi les peintres d'histoire.

Dans nos allées et venues , nous nous sommes chaque fois trouvés arrêtés devant un groupe de spectateurs dont le noyau a dû se renouveler sans interruption jusqu'à la fermeture du salon. Tous les yeux étaient levés vers *une vieille femme raccommodant un bas,* *n*º 238. Ce n'est pas une brillante peinture, mais c'est la nature prise sur le fait. Les commentaires de la foule , mademoiselle Fougère, sont le plus bel éloge que l'on puisse faire de votre tableau. « Elle ne » regarde pas son ouvrage , dit celui-ci. Bah! et » pourquoi ? la bonne vieille le sait par cœur. Vois » comme elle tient gauchement son aiguille, disait » celui-là » ; et son voisin , plus savant, ajoute : « c'est bien la forme et la roideur de membres que » la vieillesse allourdit ». Courage, mademoiselle Fougère, avant tout la nature vraie et exacte ; le reste est une question de temps que votre beau talent saura résoudre.

Ceci nous amène naturellement à vous parler d'une peinture charmante, délicieuse, que nous avons vue, revue, admirée , mais en silence, comprimant notre enthousiasme , afin de réserver cette œuvre capitale pour indiquer d'une manière remarquable notre première station. Le *n*º 5 qui nous occupe est *le portrait d'une femme* jolie ! jolie ! jolie !... Où trouver une épithète qui dise plus et mieux ? Vous êtes poète, monsieur Alophe, vous avez bien certainement rêvé votre modèle, vous vous êtes rappelé la Fornarina de Raphaël , la robe noire du grand maître a fait place à un voile de même couleur ; ce voile n'est pas irréprochable , il est vrai, la dentelle paraît peu légère , elle se confond trop avec la coiffure ; le cou est divin, l'expression des yeux est douce, aimable ; son long regard vous suit, vous avez peine à vous en détacher ; ses mains sont charmantes, ses doigts effilés ; naguère ces ongles irréprochables ont eu les honneurs du feuilleton : vous vous souvenez encore sans doute de l'enthousiasme légitime du critique marié, lorsqu'il plaçait sur sa main désarmée du fouet de la satyre les doigts roses de sa jeune épouse ; eh bien ! M. ALOPHE doit être aussi fier de la main de sa jolie dame. Concluons : ensemble et détails, tout est parfait; c'est une délicieuse miniature que ce portrait à l'huile.

M. ALOPHE est incontestablement le peintre du beau, il a fourni sous le *n°* 7 un cadre de portraits lithographiés d'une pureté de dessin, d'un fini qui ne peut être surpassé, et sous le *n°* 6 il a exposé un portrait d'homme dont les traits et le ton de couleur rappellent encore les belles têtes des tableaux de Raphaël ; la tête d'homme du peintre parisien est admirablement exécutée.

N° 525, *l'enfant prodigue dissipant ses richesses*, par M. VILLÉ, *de Paris*, est une triste allégorie qui avait besoin de l'explication du livret ; il serait difficile de dire ce que signifient ces feuilles de roses que des jeunes filles cachent dans un voile en fuyant, et pourquoi un homme, dont la physionomie n'exprime aucune passion, a renversé un vase rempli d'or, comme un janissaire renverse sa marmite.

Nous avons promis de revenir à M. VALENTIN, dont nous avons traité un peu durement le *domino* ; *Salvator Rosa chez les brigands*, n° 501, nous ramène à ce jeune peintre, et nous sommes heureux de déclarer que nous avons vu dans cette composition les prémices d'un talent prêt à prendre son essor.

Nous allons reproduire sans nous assujétir à un ordre rigoureux, un peu au hasard, comme ils se sont présentés à nous, tandis que nous allions d'une travée à l'autre, descendant et remontant, descendant et revenant encore sur nos pas, une série de tableaux qui ne sont pas dépourvus de tout mérite; qui isolément, dans un cabinet ou dans un salon, pourraient attirer les regards, mais qui supportent difficilement le grand jour de l'exposition; nous serons sobres de réflexions pour bonnes raisons.

Souvenir de la Suisse, canton de Schwitz, n° 481, par M. THÉNOT, *de Paris* ; n° 488, *Robin des bois, la fonte des balles*, par M. THIERRY, *de Paris* ; 393, *un improvisateur florentin au* XVe *siècle*, qui n'a pas l'air du tout inspiré, et n'est remarquable que par ses bas rouges; 260, *plage près de Dunkerque, un lougre dérivé par la force de la tempête se prépare à faire côté*, par M. GARNERAY ; 154, *la pêche miraculeuse ;* une belle dame a consenti à accompagner à la pêche son mari, le gentilhomme a fait une capture qui met en gaieté la belle dame et le domestique noir qui les accompagne; la physionomie du jockey qui regarde le chat mort suspendu à l'hameçon de son maître est parfaite, linges et soieries, tout est parfaitement rendu. *N° 155, as-tu déjeuné Jacquot?* autre tableau de M. **Dehaussy**, *de Paris*, petite toile, petits sujets ; *n° 45, enfants aux champs jouant avec un petit bateau*, par M. Auguste **Bonheur**, *de Paris*. M. **Bonheur** est sans doute de la famille Rosa **Bonheur**. Heureuse famille !

N° 49, la Sainte-Philomèle en extase, par M. **Bonnet**, a quelque analogie avec la *Madeleine accroupie*, nous nous trompons, la *Madeleine en méditation, n° 91*, par M. **Cals**, *de Paris*; singulière Madeleine, singulière position ! *279, un jeune Grec ipsylanti ; et 280, la Catherina*, par M. de **Glatigny**, *de Paris*, dont nous n'avons rien à dire.

Vue du fossé de la petite chaussée, n° 183, par M. **Duboc**, *de Rouen; n° 182, une tête d'étude*, par le même ; *426, groupe de fruits; 425, fruits et fleurs*, par M. **Pascal**, *de Paris; 376, la grappe de raisin*, par M. **Magaud**, *de Paris ; n° 361, café turc; n° 362, jeu de cartes*, par M. **Lessore**, *de Paris; n° 268, nature morte*, par M. **Garnier**, *de Paris; vue prise aux environs de Marly. n° 174*, par M. **Diesmera**, *de Paris; 194, intérieur d'atelier*

(*les apprêts d'un tableau*), par M. **Dulong**, *de Paris;*
une charmante artiste dispose des modèles de
nature morte pour composer un tableau, c'est là
une production très-gracieuse.

217, *chasseur des Pyrénées*, de M. **Fabre-
guettes**, *de Paris;* **222**, à côté *du braconnier à
l'affût*, de M. **Finart**, déjà nommé, nous placerons
les lévriers en gaieté, *n°* **378**, *et les chiens au repos*,
n° 379, de M. **Malenson**, *de Paris ;* nous ren-
controns un portrait de M. **A*****, architecte, *n°* **208**;
nous passons et ne donnerons qu'un simple coup
d'œil aux deux autres tableaux de M. **Farcy**, *de
Paris; n°* **209**, de mademoiselle **B*****; et *n°* **210**,
une étude, tête de vieillard.

Les *n°ˢ* **489** *et* **490** sont encore des portraits,
l'un de M. **A. M*****, l'autre de l'auteur M. **Tillot**,
de Paris, qui, entre autres moyens de se faire
connaître avantageusement sans doute, a choisi le
plus expéditif et pris le chemin le plus court, en
s'exposant de ses propres mains à l'admiration d'un
public idolâtre, comme disent les poètes. C'est très-
ingénieux, nos compliments bien sincères à
M. **Tillot.**

N° **478**, *Adrien de Mousures et Pierre Louvel à
la cour de Louise de Savoie* par M. **Terral**, *de
Paris.* Cette composition pleine d'intérêt et qui retrace
un trait historique est d'une exécution recherchée ;

les têtes en général , quoique le tableau soit mal éclairé , sont exécutées avec grace , et en grande partie d'un très-beau caractère; mais en faisant la part du mérite de cette charmante production il faut bien reconnaître dans l'effet général trop de monotonie , et pas assez de ces jours brillants que donnent ordinairement, dans un appartement fermé avec des vitraux, les parties les plus lumineuses qui se reflètent sur les étoffes et même sur les meubles, par suite des teintes plus ou moins coloriées qui entrent dans la confection des parties de vitrage. Les masses de figures sont heureusement réparties. les accessoires, les tapisseries, la croisée, tout est fait avec soin et avec art, les personnages qui entourent la duchesse, et la duchesse elle-même, ont mérité au plus haut point notre attention. Il est fâcheux que la tête d'Adrien, si elle n'est pas portrait, ne soit pas traitée d'une manière plus noble et plus gracieuse. Plus de variété dans l'effet, plus de tons brillants auraient donné un peu d'énergie à certaines parties du tableau.

L'aspect est froid, le rendu est bien, la composition agréable, et l'œuvre de **M. Terral** est une de ces productions qui gagnent à être étudiées.

M. Bellangé.

Nous voici placés au point culminant de notre course; nous ne nous sommes pas conformés aux principes du poëte : *ab Jove principium,* nous avons gardé Jupiter pour mettre la grande galerie sous la protection du dieu des beaux-arts.

La capitale de l'ancienne province de Normandie a le droit d'être fière ; est-il une ville en France dont la situation soit plus heureuse? Nous ne voulons pas parler de ses richesses commerciales , de son importance industrielle; ne sortons pas de notre sujet : nous n'avons en vue que sa position topographique, une perspective magnifique ; que ses trésors artistiques , des monuments admirables , ses grands hommes de guerre , ses marins célèbres , ses poëtes , ses écrivains , ses musiciens , ses peintres. Au bas du grand escalier qui conduit au musée, une tombe rappelle son dernier maître GÉRICAULT. Dans les salons, de grandes et belles toiles attestent la gloire d'un nouveau maître, qui déjà a pris place au premier rang de nos célébrités nationales. Ici, dans la grande galerie, il présente à notre admiration *la grande charge de cavalerie exécutée par le général Kellermann à la bataille de Marengo, n° 26.* Nous n'avons pas assez d'éloges pour payer un juste tribut d'hommages à l'artiste qui a su si bien rendre le désordre, la confusion, le pêle-mêle, l'agitation de cette tempête d'hommes que l'on nomme une grande bataille ; on pourrait faire remarquer peut-être que les cavaliers qui partent du côté gauche du tableau s'élancent dans

un espace où l'air ne circule pas, que ces cavaliers
trop rapprochés présentent plutôt l'aspect d'un bas-
relief que d'un tableau ; mais de quelle importance
peuvent être de telles observations quand il s'agit
d'une œuvre si grande, si riche en détails, si variée,
où tous les personnages paraissent réellement a-
nimés.

Si de la grande galerie nous passons au salon
de JOUVENET, de nouvelles émotions nous attendent :
*l'empereur sur le champ de bataille de Wagram
(7 juillet* 1809), n° 25, plaçant un appareil autour
de la tête de l'un de ses braves, est une composition
dont toutes les parties sont traitées de main de maître;
voilà de l'histoire grande et glorieuse. Monsieur BEL-
LANGÉ, vous n'êtes pas seulement un peintre de premier ordre, vous êtes un bon citoyen dont le pa-
triotisme n'est pas moins honorable que le talent.

Un jour de barbe , n° 24, est une production
pleine d'esprit, de grace et de gaieté, la barbière
est d'un comique achevé.

Le nom de BELLANGÉ sera l'un des plus glorieux
dans l'histoire des arts, il prendra rang parmi les
grands hommes dont l'antique cité normande s'enor-
gueillit.

SALLE DES CAMPS.

Des portraits, des miniatures, des gravures coloriées, rien de remarquable, nous donnerons au retour la nomenclature de ces tableaux : nous passons après avoir jeté un coup d'œil rapide; une porte est ouverte devant nous, une grande toile frappe nos regards ; juste ciel ! est-ce une enseigne de cabaret, sommes-nous bien réellement au musée? Il n'est que trop vrai, nous sommes devant un tableau d'histoire, de l'histoire contemporaine, qui serait sévèrement jugée par la postérité si cette page devait traverser les siècles.

SALON dit L'ATELIER.

N° 506, *débarquement de la reine d'Angleterre,* par M. VASSE, *de Paris.* Ce n'est pas le tableau que nous blâmons, mais l'indulgence des juges du camp qui ont ouvert le musée à cette œuvre de contrebande : l'auteur, si la Cour des Pairs était moins occupée de ses propres affaires, pourrait bien être cité à la barre sous l'inculpation de crime de lèse-majesté ; on ne déguise pas ainsi de nobles personnages.

Si au moins en compensation de l'enseigne, qui tient la place d'une belle toile, la salle, qui a nom ATELIER, nous offrait quelques bonnes sculptures : hélas ! moins que rien (mettons à part *les terres cuites* de M. GRAILLON), le buste *du duc d'Aumale,* *n*º 519, par **M. Villain**, *de Paris*, manque totalement de sentiment et d'expression; la tête en marbre du même sculpteur, *n*º 520, *représentant l'automne*, est une réminiscence incomplète de la bacchante antique; l'auteur a reproduit sans verve et sans animation l'expression de la tête d'Ariane.

Les terres cuites de **M. Graillon**, *de Dieppe*, *n*º 281, *une hutte de Bohémiens;* **282**, *Jérémie sur les ruines de Jérusalem;* *n*º 283, *le roi boit;* **284**, *groupes de causeurs*, ne pèchent pas par le même défaut; ici l'expression au contraire est exagérée, tous les personnages sont autant de caricatures : ces groupes sont vifs, animés; on rit, on cause, on boit, le mouvement et la vie règnent partout. Ces productions décèlent une grande facilité, une parfaite habitude de ce genre de travail; mais il reste beaucoup à désirer au point de vue de l'art; étudiez **M. Graillon**, si vous êtes jeune encore, étudiez les classiques du genre; faites s'il le faut, s'il doit en résulter pour vous un enseignement utile, faites le voyage de Rome pour admirer les œuvres de votre maître Penelli.

Deux bustes, *la statuette*, *n*º 521, par **M. Villain**, et les terres cuites de **M. Graillon**. Ce n'est pas assez de sculpture, disais—je à **M.** Brun du ton du reproche, pourquoi ne m'avez-vous pas permis de mettre à l'atelier ces deux bustes d'un si beau travail, dont votre amitié nous a dotés? le public m'aurait su gré

de lui offrir l'occasion d'admirer ces nouveaux ouvrages
de vos mains, il aurait aimé ce portrait que vous avez
fait si gracieux, et dont je suis aussi fier que de l'original; je suis certain que, dans l'exhibition de ma chétive
personne, il n'aurait pas vu un effet de la vanité; il aurait compris que ce n'était pas l'homme au masque
bizarre qui s'offrait à lui, mais un travail admirable,
d'une exactitude scrupuleuse, un véritable portrait
qui, en d'autres mains, ne pouvait être qu'une charge
grotesque.

Les deux projets exposés par **M. Duhamel,** *n*os 191
et 192, l'un, *d'un établissement de bains de mer pour
la ville de Fécamp;* et l'autre, *d'une église dans l'ar-
rondissement du Hâvre,* sont favorablement accueillis.

364, *la bienfaisance,* par **M. Lessore,** *de Paris ;*
ceci est une de ces œuvres mixtes et sans intérêt, qui
pourtant a son cachet particulier d'une couleur qui
n'est pas ordinaire, et dont les tons décèlent l'homme
qui est né peintre (1).

*Le n° 370, deux projets de l'église Saint-Sever,
rapproché du n° 371, projet d'une maison à cons-
truire, rue Royale,* par **M. Liger,** *architecte à
Rouen,* justifie cet axiôme du maître :

La critique est aisée et l'art est difficile.

M. Liger, qui parle assez volontiers sur tous les

(1) Ce tableau est de la grande galerie.

sujets : de la voirie vicinale, dont il travestit les règlements; des chemins de fer, contre lesquels il fulmine des sentences; de l'archéologie, dont il boursoufle l'histoire. M. LIGER a été bien mal inspiré lorsque, de gaieté de cœur, sans provocation aucune, il est venu donner la mesure de son talent. Vous qui jugez les autres, pourquoi vous êtes-vous livré ainsi pieds et poings liés ? téméraire jeune homme, vous l'avez voulu ; nous dirons comme Figaro à Bartholo : allons, tenez-vous bien, monsieur LIGER, c'est aujourd'hui votre jour de barbe.

Sans sortir de la cité, comme sur toutes les routes de la Normandie, on trouve des églises dont la simplicité est préférable à la somptuosité de votre édifice aux mille colonnes; la façade de votre temple est calquée sur la façade extérieure de la chapelle des Invalides ; mais vous avez cru devoir remplacer la coupole par une affreuse flèche et des pavillons chinois ; rien n'est plus drolatique que la fenêtre à vitraux de couleur que vous avez eu la malheureuse idée de dessiner dans le genre ogival, avec des nervures formant compartiments; l'intérieur, s'il faut le juger sur la coupe, présente une disposition reproduite depuis vingt ans par nos architectes, qui, n'ayant pas le courage d'innover, trouvent plus commode de réduire Sainte-Marie-Majeure, de Rome, aux proportions de leur génie.

La maison de la rue Royale est une copie de mille autres copies, ce ne sera un modèle pour aucun de nos entrepreneurs, à moins qu'ils ne trouvent plaisant et d'un excellent goût de couronner quatre étages par deux nymphes dansant la polka.

Moins contrariés en traversant la salle Descamps au retour, nous avions derrière nous le malheureux *n*° 506, de M. **Vasse**. Nous avons donné quelque attention au *n*° 481, *souvenir de la Suisse*, par M. **Thenot**. Ce paysage, de modeste dimension, ne contient pas moins beaucoup de choses, une végétation animée, des arbres en sève ; le peintre aime le printemps, ses œuvres le prouvent. Mais c'est bien vert, peut-être trop ; cette uniformité de ton produit un peu de monotonie, d'immobilité et de froideur ; ce chêne, sur la gauche, est habilement détaillé ; les deux ou trois chaumières se reflètent avec tranquillité dans le cristal de cette rivière limpide, au bord de laquelle l'auteur a placé un groupe de personnages en costume helvétique. Ce petit ensemble est coquet et parfait d'harmonie.

La chasse au sanglier, *n*° 480, nous reporte encore à la saison favorite de l'auteur : l'herbe et les taillis, du milieu desquels surgissent plusieurs chiens, sont d'un vert bien vif ; nous aurions voulu trouver votre sanglier dans une position plus mouvementée , pourquoi ne l'avoir pas mis aux prises avec ses ennemis naturels ? Mais, à part toute observation critique, nous de-

vons nous empresser de reconnaître, dans les œuvres de
M. THENOT, de belles qualités, et, lorsqu'on fait aussi
bien, je comprends que l'on puisse donner des conseils
aux autres. M. THENOT, l'un des rédacteurs du spiri-
tuel recueil qui s'intitule : *l'Echo de la littérature et
des beaux-arts*, et qui, à ce titre, juge ses confrères ,
peut s'appliquer la devise de Figaro : *Consilio manuque.*

N° 461, *la vue de Frascati*, par M. FELON, est un
souvenir de l'admirable tableau de ce pauvre Michal-
lon, dont la carrière, qui s'était annoncée si brillante,
est venue se terminer à Paris d'une manière si regret-
table, quelque temps après l'exécution de son chef-
d'œuvre. On pourrait reprocher de la sécheresse de
style à la planche de M. FELON, mais hâtons-nous d'y
reconnaître toutefois un mérite réel. *N°* 527, *la men-
diante*, par M. VILLOUD ; la pose de cette pauvre
enfant, courbée sous le poids des privations de toutes
sortes, est d'une naïveté touchante. La tête, bien
qu'empreinte d'une souffrance qui fait peine à voir,
est cependant très-jolie. *N°* 454, *les incendiés ; un
père de famille, ancien militaire, n'a pu sauver de
l'incendie que ses enfants, son épée et sa croix ,*
par M. ROUGET , *de Paris*. M. ROUGET est élève
de David, et ses œuvres justifient ce titre; il a su
profiter des leçons du maître, dont il a conservé
le style et l'exécution. *N°* 460, *André del Sarto,
gravure au burin*, par M. SAINT-EVE, *de Paris*.

Ce portrait du célèbre André del Sarto, peintre florentin du premier mérite, a fourni à M. SAINT-EVE l'occasion de nous montrer un beau travail. *N*° 221, *l'ange gardien,* par M. SAUVAGE ; l'idée de ce charmant dessin est due à une des sublimes inspirations de l'auteur de *Jocelyn* et des *Méditations :* l'artiste s'est rendu en tout point le digne interprète de la religieuse pensée du poète. Il règne dans la disposition de ce gracieux sujet une suavité qui trouve facilement le chemin de l'âme. La tête de l'ange est pleine de candeur, ses bras laissent un peu à désirer, mais les draperies sont traitées avec un goût exquis ; la jeune fille est une douce image d'innocence et de pudeur, tout en elle respire le sentiment , expression, pose, dessin ; le paysage est bien quelque peu vaporeux et vague, sans doute il était dans l'intention de l'auteur de donner plus de valeur aux figures. *N*° 322, *Marguerite et Faust dans le jardin de Marthe,* par M. JAZET, *de Paris.* Le burin est dignement tenu par cet artiste ; sa reproduction du magnifique tableau de M. Sébastien Cornu est un travail irréprochable ; elle obtiendra dans le commerce un succès très-avantageux pour le graveur, et le peintre luimême n'aura qu'à se louer de cette fidèle imitation de son œuvre. *N*° 195, *une marine,* par M. DUMÉE père, *de Rouen.* Cette aquarelle est touchée avec la délicatesse et le savoir auxquels cet artiste nous a habitués depuis

long-temps. Une critique sévère trouverait peut-être
à s'exercer encore sur la position uniforme et généra-
lent trop perpendiculaire qu'il a donnée à ses navires à
mer basse, mais ce petit défaut disparaît entièrement
derrière les bonnes et nombreuses qualités du travail.
*N° 64, les portes du désert aux gorges du Kan-
tara, derrière Constantine,* par M. BOUQUET, *de Paris.*
Ce tableau, par son exécution, par son mérite pittoresque, par son souvenir historique, est un monument précieux pour un amateur de la gloire na-
tionale et des arts. *N° 273, le lendemain d'un désas-
tre,* par M. GENGEMBRE, *de Paris.* Ce tableau
rappelle les beaux vers de Casimir Delavigne :

Ils ne sont plus . . . . .

N° 472, vue de la lanterne de Gênes, par M. STO-
RELLI, *de Paris.* Le ton local a été bien observé dans
ce tableau, il est d'un heureux effet; s'il est un
reproche à adresser à M. STORELLI, c'est le peu de
soin qu'il apporte dans sa manière de peindre, qui est
un peu lâchée. *N° 373, une mosquée,* par M. LOTTIN
DE LAVAL, *de Bernay.* L'exécution de ce sujet est
lourde et empâtée ; néanmoins, comme construction
et comme paysage, il est, dans cette toile, des
qualités que l'impartialité nous fait un devoir de
reconnaître ; mais nous regrettons que l'auteur,
qui porte un nom connu dans les lettres, n'ait pas plus

étudié le style de décoration extérieure de ces temples orientaux. *N° 491, les missionnaires prêchant l'Evangile aux Indiens de l'Amérique du nord,* par M. TRONVILLE, *de Paris,* tableau de genre original et intéressant, d'une composition réfléchie ; les groupes sont bien disposés, l'ensemble est satisfaisant.

Le paysage qui porte la signature de M. COIGNET (Jules), *de Paris, vue du lac de Nemi, n° 119,* n'est pas d'une parfaite exactitude comme teinte locale et nature de sol : le lac qui se forme dans le cratère d'un volcan répand tout à l'entour une vapeur qui n'est ni sulfureuse ni phosphorescente, et donne aux arbres excrus sur le bord de l'eau, et aux broussailles qui surgissent de la fente des rochers , des nuances qui ne sont pas tout-à-fait celles de cette nature de feu. Le terrain est pierreux, et le sable qui l'environne, surtout près de la grotte de Diane, est plutôt un tuf que de la terre jaune. Toutefois, la touche est facile et élégante, le point de vue est bien pris : mais, en somme, ce tableau n'est qu'une réminiscence et non un *fac simile,* toujours plus intéressant pour celui qui a vu le pays, parce qu'il y retrouve le caractère et le ton local.

N°ˢ 96 à 104, neuf dessins, par M. CASSAGNE, *de Rouen.* Cet artiste, dont l'habile crayon donne des productions d'un genre si varié, possède des droits à la reconnaissance, non-seulement des hommes de l'art en général, mais encore des savants auxquels ses minutieuses recherches ont fait connaître de précieux ouvrages et manuscrits qu'il a tirés de l'oubli. C'est là un titre qui justifie largement les éloges que nous nous plaisons à lui donner.

M. Dumée, fils, n'a pas les prétentions ambitieuses de l'auteur de la maison-modèle de la rue Royale, il ne professe pas comme lui la doctrine de *l'ogive flamboyante ;* plus modeste, il se borne à dessiner les monuments remarquables que les siècles nous ont légués, et que l'administration municipale, qui connaît le prix de telles richesses artistiques, veut préserver de toute altération. La lithographie de M. Dumée fils, *Saint-Maclou au* xvie *siècle*, n° 198, est une œuvre précieuse; déjà nous la connaissions, elle fait partie de l'histoire de *Saint-Maclou*, par M. Delacroix, vicaire de cette église. Remercions, au nom des amis des arts, cet habile dessinateur de la patience et de l'exactitude dont il a fait preuve dans l'exécution de ce travail long et pénible; nous remarquerons toutefois, sans attacher une grande importance à notre observation, que la dimension des figures des tympans est trop forte, et qu'il y a de la pesanteur dans les parties qui terminent la flèche.

Nous dirons, dans le langage de François Ier, aux hommes qui, soit isolément, soit en se réunissant, concourent à la conservation des précieux monuments qui font la gloire et l'ornement de la cité normande : à vous, Messieurs, plus d'honneur et plus d'actions de graces sont dus qu'aux sociétés savantes et aux académies ; nous placerons à la tête des amis des arts, qui auront le plus fait pour ramener et propager la religion du beau, M. le baron DUPONT-DELPORTE, préfet, sous l'administration duquel de grands travaux auront été exécutés; c'est à lui, à sa persistance qu'aucune difficulté n'a pu décourager, que la ville de Rouen doit son Palais de Justice : honneur donc à cet infatigable et habile administrateur, quels que soient le mérite et l'exécution de quelques parties de ce monument; la ville de Rouen devra encore, sans doute, à M. le baron DUPONT-DELPORTE la restauration complète de la cathédrale dont il s'occupa en ce moment, certain des bonnes dispositions du Ministre des cultes actuel, M. HÉBERT, dont la brillante réputation a jeté ses premiers reflets dans cette ville.

Nous associons à la gloire réservée à ces hauts fonctionnaires, à ces grands dignitaires, dans le présent et l'avenir, les élus de la cité qui ont voulu conserver ce bijou de sculpture dont le nom est *Saint-Maclou;* les peintres et les dessinateurs qui ont pris l'empreinte de nos monuments pour les transmettre d'âge en âge, et constater de quelles admirables conceptions le génie de l'homme est capable. S'il en est un , celui qui aura dessiné Saint – Ouen avant que son portail déshérité de masses sinon belles, au moins imposantes, qui marquaient la tête de l'édifice, n'ait été encaissé dans l'étroit parallélisme qui le comprime, aura certes conservé un renseignement précieux pour l'histoire des arts (1).

(1) On aurait tort d'interpréter contre l'habile architecte qui dirige les travaux de Saint-Ouen cette réflexion. Nous sommes convaincus que s'il n'eût obéi qu'à ses propres inspirations, il aurait non interrompu mais continué ce travail commencé dans des proportions en rapport avec le magnifique vaisseau de la basilique.

SALON DU POUSSIN.

N° 366, *Backuysen offrant sa bourse à des marins pour s'embarquer par un gros temps,* par M. LE-POITTEVIN, *de Paris ;* ce tableau suffirait seul pour faire la fortune du salon Le Poussin. Au moment où le peintre représente Backuysen, il n'est pas encore le premier peintre de son époque, mais il va le devenir, tout le dit : sa fougue, son enthousiasme aventureux ; il jouera sa vie s'il le faut pour sa réputation à venir ; il veut se jeter au milieu des flots, sur une frêle barque, pour étudier la tempête dans toutes ses colères : que les marins hésitent, cela se conçoit, pour eux il ne s'agit que d'argent ; pour l'artiste, c'est la gloire qu'il va saisir au milieu de la tourmente et qu'il ramènera au rivage.

La figure du marin qui médite est d'une exécution complète, l'agitation du second marin contraste avec l'attention des autres personnages ; l'enthousiasme de Backuysen est superbe, il se communique, il exerce sur ceux qui regardent ce beau tableau un effet de fascination ; le vent parcourt le port de manière à faire illusion, on se croirait sur quelque jetée.

Mademoiselle CALBRIS est l'auteur du joli *paysage* qui porte le n° 90. Le peintre a fait preuve à la fois d'un très-bon goût et d'une modestie qui prévient en faveur du peintre ; c'est une perle que ce paysage ; jeu de lumière dans le feuillage, limpidité des eaux, correction de dessin , entente parfaite de la perspective, harmonie dans la composition et l'agencement des fonds : telles sont les qualités qui distinguent l'œuvre de cette jeune artiste.

Nous devons une mention honorable à M. RENOULT, *de Louviers*, dont nous avons examiné les tableaux avec tout l'intérêt que mérite le talent de l'auteur, qui fait déjà très-bien, et qui acquerra beaucoup encore par l'étude et le travail. Dans la salle du Poussin, nous avons remarqué du même auteur *une vue du portail de l'église de Louviers*, n° 439; *une vue du pont de la Vierge, dans la même ville*, n° 440; et à l'atelier *une vue de la rue de l'Hôtel-de-Ville, de Louviers*, n° 436 *; n° 437, un intérieur.*

148, *un fumeur*, par M. DECAMPS. Il est fâcheux de retrouver la même couleur partout , dans ce petit tableau : le chien, les effets de lumière, le plancher, les bas de l'homme, le foyer de la cheminée, tout est fait avec la même palette; cependant ces objets ne sont ni en pierre ni en plâtre comme le foyer de la cheminée, M. DECAMPS, quel que soit son mérite, a commis une grande erreur de coloriste.

N° 2 , *vue prise dans les bois de Sèvres* , par M. ANDRÉ, *de Paris;* charmant paysage.

173, *vue prise dans la forêt de Fontainebleau*, par M. DIESMERA, *de Paris;* signalement des paysages : arbres rouges, terrains rouges, une femme au jupon rouge, un homme au pantalon bleu, eau bleue, ciel bleu.

Nous n'avons pas reconnu *feu Mgr le duc d'Orléans* dans l'homme à l'habit noir , que M. VIGNON, *de Paris*, a exposé sous le *n°* 516; nous ne comparons pas cette tentative isolée au flagrant délit du débarquement de la reine d'Angleterre. Quoi qu'il en soit , on dirait qu'il y a conspiration organisée pour dépouiller la noblesse et la majesté royale de son cachet de distinction.

M. Alexis DROUIN, *de Rouen*, a exposé, sous le *n°* 175, un *plan de restauration* du charmant château féodal habité à Oherville par M. d'Auffay. Réparé d'après le dessin de M. DROUIN, ce castel , dont la toiture se trouvera de nouveau couronnée de sa crête, et les tourelles de leurs épis , offrira un aspect pittoresque.

N° 30, *le repas*, par M. BERTHIER , *de Paris*. Ce tableau , dont les figures sont grandes comme nature , est d'une belle couleur, d'une exécution ferme et assurée ; dessin exact, composition simple et remarquable de vérité.

N° 508, *un conseiller frappé d'un coup de couteau*, par M. VASSELIN, *de Rouen*. Cette composition, ta-

chée de plus d'un défaut, n'est cependant pas dépour-
vue d'un certain mérite. L'indignation que l'auteur a
imprimée au front grave et sévère du juge, victime de
l'attentat, est heureuse et bien sentie ; les groupes
sont assez bien distribués , mais l'attitude du cou-
pable est par trop mélodramatique, trop forcée ; on
ne saurait guère comprendre la position de la jambe
droite de ce misérable, même en supposant qu'il soit
infirme : les bons gendarmes sont bien faibles d'exécution.

N° 449, *la vue de la vallée de Saarnem, canton
d'Underwald*, est charmante ; M. Ricois, dont le
mérite nous est connu depuis long-temps , nous a
dédommagés par ce tableau d'une trop longue absence. Le premier, comme les derniers plans de cette
peinture , est très-bien rendu , et les châlets sont
admirables de vérité et de couleur.

SALLE JOUVENET.

Ici encore, dans ce salon, **M. Bellangé** règne en maître ; mais, près de notre illustration rouennaise, **M. Lecomte**, Emile, *de Paris*, n° 340, *l'oiseau mort, scène du* xvie *siècle*, est un tableau remarquable ; la figure de l'homme, qui contemple la jeune femme tenant à la main un oiseau mort, est très-belle ; il y a moins d'expression dans la figure de femme, mais elle est bien peinte, les chairs, les draperies sont rendues avec un rare bonheur.

N° 359, *intérieur d'un harem ;* n° 360, *la chatte blanche,* par **M. Lepaule**, *de Paris.* **M. Lepaule** a-t-il été à Constantinople ? sa hautesse lui a-t-elle permis l'entrée de son harem ? **M. Lepaule** a-t-il bien vu, de ses deux yeux vu les beautés qu'il a représentées dans ses tableaux ? Si **M. Lepaule** a vu tout cela, nous lui dirons avec Gresset :

> Dans maint auteur de science profonde,
> J'ai lu qu'on perd à trop courir le monde.

Lorsque **M. Lepaule** voudra peindre de jolies femmes , qu'il nous fasse l'honneur d'une visite , il trouvera à Rouen de délicieux modèles.

Nous avons entendu de mauvais plaisants égayer un groupe de spectateurs sur la figure grotesque de cette grosse femme, dont la lèvre supérieure est ornée de quelque chose qui, chez un autre sexe, s'appelle des moustaches ; mais, à part l'absence de cette beauté idéale, que nous aurions voulu trouver dans cet essaim de houris, nous devons constater que M. Lepaule est un bon coloriste.

Sa *chatte blanche* nous réconcilie avec l'espèce ; la jeune et belle personne sur les genoux de laquelle moumoute se câline, a une de ces figures qui vous suggèrent une foule d'idées riantes. Nous aimons mieux cela que le *harem du sultan;* mais, monsieur Lepaule, nous le répétons encore, vous pouvez faire beaucoup mieux.

Nº 462, *la cage*, par M. Schopin, *de Paris.* Ce tableau de chevalet, qui a de nombreux admirateurs, mérite à juste titre les éloges que tous les hommes de goût et les artistes se plaisent à en faire. Cependant nous avons rencontré des amateurs qui trouvent les bras un peu grêles, et nous nous laisserons facilement aller à leur opinion ; les plis de la robe, quoique admirablement peints, nous paraissent un peu noirs à la hauteur de la hanche, ce qui leur donne l'air d'entrer dans les chairs; la partie inférieure du fauteuil est grise, et semble n'être pas tout-à-fait à sa place ; mais les étoffes, la figure, le mantelet sont si admirables, que les quelques incorrections que nous croyons devoir signaler tombent devant un ensemble aussi séduisant.

Nº 423, *les saisons*, par M. Omer Charlet, *de*

Paris. Ce cadre renferme une composition aussi ingé-
nieuse qu'originale ; les couleurs en sont très-harmo-
nieuses. Cette marche des saisons, qui s'opère dans
l'espace, parle à l'imagination des poètes ; on sent
qu'une pensée spirituelle a présidé à la disposition des
détails ; les figures sont toutes d'une satisfaisante exécution, les poses sont animées. Mais, s'il faut un ali-
ment à la critique, nous dirons tout bas à l'auteur que
ses draperies sont quelquefois lourdes et peu étudiées,
bien qu'en général les tons en soient heureux ; le zé-
phyr, qui semble tempérer la brûlante température de
l'été, ressemble plutôt à une jeune fille qu'à un jeune
homme, ce qui, à l'œil de plus d'un amateur, peut
passer pour une faute grave.

N° 152, *promenade du matin,* par M. DEDREUX,
de Paris. Ce petit tableau serait mieux comme esquisse
dans l'atelier du peintre ; nous avons eu l'avantage de
voir souvent de très-jolies choses de ce jeune artiste.

N° 304, *vue de Saint-Pétersbourg ; n°* 305, *le
casseur de glace,* par M. HILDEBRANDT, *de Paris.*
Ce peintre a rendu avec une grande exactitude l'aspect
de ces contrées glaciales : le ciel est froid, la terre est
gelée, et cependant les personnages ne paraissent pas
s'en apercevoir, ce sont évidemment les habitants d'un
autre climat ; nous sommes certains que M. HILDE-
BRANDT, dont les tableaux se distinguent par une
grande finesse de touche, et qui est un homme de ta-

lent, se souviendra de nos observations lorsqu'il aura à composer un nouvel ouvrage.

N° 167, *le vieux savant*, par M. DE RUDDER, *de Paris*. L'auteur a droit à de justes éloges ; quelle que soit la dimension de la toile, c'est une œuvre d'un grand mérite : le négligé du savant, le désordre de l'appartement, caractérisent parfaitement la situation.

Le berger et l'enfant, n° 168, du même auteur, est un dés plus beaux dessins de l'exposition.

N° 105 , *une marine* , *plage du Calvados* , par M. CAZABON : ce travail, comme les autres productions de cet artiste, est d'un bel effet, mais l'exécution est peu achevée; ce tableau, du reste, mérite quelques éloges et nous donne à espérer pour l'avenir de son auteur.

N° 374, *après le combat*, par M. LUMINAIS, *de Paris*. Dans ce tableau tout est triste, poétique : la douleur des femmes, le sang-froid des hommes, cette masse superbe et imposante de rochers, cette ouverture par laquelle une femme regarde le lieu du combat, cette voiture couverte d'un linceul blanc , tout cela produirait une plus grande émotion à l'œil si le cadre avait été posé dans une place mieux éclairée ; tout ici est calme et triste.

Cette production, dont les figures, sous le rapport de l'art, peuvent laisser beaucoup à désirer, est le résultat d'une belle pensée ; ce tableau est une bonne et originale production.

ÉPILOGUE.

Dès mes premières visites au salon une mauvaise pensée m'était venue ; je l'avais combattue, refoulée, et je me croyais affranchi de sa tyrannie, lorsqu'en descendant le grand escalier, j'entendis la critique me souffler la maudite épigramme : Dis-leur , me criait-elle, qu'il y avait une profusion d'ânes à faire dresser les oreilles ; ils ont pris le salon pour le boulingrin, des ânes partout, de toute dimension et de toutes couleurs, gris, bruns, noirs, rouges, grands, petits, de face, de trois quarts , de profil : dans quel but une telle exhibition?

Devine si tu peux, et choisis si tu l'oses.

Mais parlons plus sérieusement.

La rapidité avec laquelle j'ai opéré la revue des tableaux du musée rouennais prouve que j'ai cédé à l'exemple. Hélas ! il faut bien l'avouer, je suis moi-même atteint de la maladie du siècle, moi aussi je me laisse emporter par la *grande vitesse*. Il est vrai qu'il n'était guère possible de faire autrement ; nos jours étaient comptés, il fallait arriver avant la clôture du salon. Heureusement que, dans ma course au clocher, j'ai pu entendre non seulement les bons avis de M. Brun, mais encore recueillir des notes précieuses qu'un jeune homme ami des arts, l'auteur de *l'Histoire d'Yvetot*, de la *Biographie de Mlle Verneuil*, a bien voulu mettre à ma disposition. Merci à M. Fromentin, qui a concouru avec M. Brun à rendre ma critique moins amère et mes jugements plus équitables.

Enfin j'ai touché le but, je demande à MM. les Artistes, et à M. le Conservateur du musée en particulier, la permission de leur adresser quelques observations, ou plutôt une prière ; je dirai à MM. les Artistes : appliquez-vous avec sévérité cette sentence de la philosophie, *nosce te ipsum*, jugez vos œuvres vous-mêmes avant d'exposer, et soyez sans pitié contre les exigences de votre amour-propre ; tout le monde y gagnera beaucoup, vous d'abord, Messieurs. Les progrès sont à ce prix, le public n'aura plus que des louanges à vous donner.

Je dirai à M. le Conservateur du musée : Adoptez un ordre de classement qui puisse faciliter les rapports du public avec les tableaux, les auteurs et le livret ; soyez sévère sur le choix des portraits, c'est là de la peinture commerciale et industrielle, qui n'intéresse ni les arts ni le public ; ne recevez que de la main des auteurs leurs productions ; chassez les marchands du temple ; point de transaction avec ces brocanteurs qui, sans l'autorisation des artistes, se servent de l'entremise du salon rouennais pour écouler à Rouen ce qui ne s'est pas vendu à Paris.

FIN.